MALA LAND
DE ESTE LADO DE LA MURALLA

SONΛMBULOS
——— EDICIONES ———

MALA LAND. DE ESTE LADO DE LA MURALLA
Colección MACASAR

Primera edición: marzo de 2024

© De los poemas ¬ Antonio Alcaide Soler
© Fotografía de portada ¬ Lola Maleno
© Diseño de la colección ¬ Daniel Fajardo
© SONÁMBULOS Ediciones

www.sonambulosediciones.com

ISBN: 978-84-127065-9-8
Depósito legal: GR 241-2024

Impreso en España

MALA LAND
DE ESTE LADO DE LA MURALLA

ANTONIO **ALCAIDE SOLER**

MACASAR
COLECCIÓN

Emma, como la mayor parte de las criaturas del siglo, no tenia vigor intelectual ni voluntario mas que para los intereses inmediatos y mezquinos de la prosa ordinaria de la vida; llamaba poesía a todo lo demás.

Leopoldo Alas "Clarín". *Su único hijo.*

Solo puedo huir hacia delante.

Quemamos las naves.
¿Recuerdas?
Una noche de pasión.

CARPE LITTERAM

Ya es tiempo de que sea tiempo

Paul Celan

Sin esperanza,
pero con vencimiento a largo plazo,
estas letras que debí haber escrito
en el dorso de un billete de banco.

Quise *carpe diem*,
bien lo sabe Dios, aunque no exista.
Busqué en todas direcciones,
presta la mordedura,
con la mandíbula abierta y la mirada infinita.
Toneladas de hastío llovían,
trozos de cielo e infierno como siempre
sobre los hombros y los hombres
pequeños que soy.

Tú nunca estabas. Tras telón de acero,
oculta siempre para la dicha,
muñeca rusa miembro
de no sé bien qué su cruel servicio secreto.

No pude *carpe diem*,
carpe litteram así que.

Las palabras viajan ahora en el AVE.
Nadie quiere la maquinaria
de la vieja poesía.
Novelas de cercanías, monorraíles.
Premios literarios elevados.
Nadie gusta de aquella
lentitud en llegar a la verdad,
aquella belleza por la ventanilla,
el traqueteo del verso encabalgado.

Escribo desde una vía muerta.
Bien lo sé.
Pero no envidio vuestra pobre geografía.

Suelta, niña, tu rosa.
El tiempo ataca, no huye.
No atesores más belleza que la justa.
La muerte es envidiosa,
más aún la vida.

Tu rosa suelta
adorne mi jardín en ese día
que disponga o para ti fabrique
fuera del tiempo y la literatura.

La literatura ha quebrado.
Acecho tras un libro
la belleza de las musas en paro,
su ir y venir sin rumbo
por los *boulevards* buscando trabajo.

Se necesita joven
con experiencia, piernas, ojos,
en fin, lo acostumbrado.
Antiguo poeta con propio estudio,
besos los justos, puntual pago.

Se ha escapado mi musa.

A pesar de haberla atado
a las cuatro esquinas del poema,
coleccionista de besos;
a pesar de recluirla
en el cristal tallado,
muda cárcel de las imágenes,
que vale más que mil palabras.
Se ha escapado.

Por favor, si la encuentran,
trátenla con delicadeza.
No conoce el mundo exterior,
nació dentro de unas obras completas.

Es demasiado hermosa
para esta escasa primavera.

¿Qué sentido tiene
seguir horadando el mismo surco
una y otra vez
si nadie lee desde arriba
este geométrico y tal vez hermoso dibujo?

Apenas siento más frío
que el de estar solo,
aplastado contra los campos de papel,
como campesino que intenta
una siembra diferente.

Esta mañana de invierno
es igual a muchas otras.
Otros también segarán o cosecharán.
Yo solo trazo extraños signos
sobre la blanca tierra.

Me equivoco, soy cruel
cuando no tengo el poema delante,
cuando eres la de carne
y no puedo leer lo que siento.

CARAVANA DE DOS: MALA LAND

Perdín Granada,
pro non a ti,
Moraima.
Por eso non perdín
nada.

Celso Emilio Ferreiro

Qué extraño viaje
me precedió.
Siempre llego tarde
a mi vida.

Llevo toda una existencia
sufriendo un completo *jet lag*
de qué extraño viaje
que me precedió.

Vuelvo, volvemos
a nuestra ciudad prohibida.
No espero suntuosos desfiles
ni reconocimientos oficiales.
Que las cosas estén
donde las dejamos, tampoco pido.
Que las gentes se acuerden
de los perseguidos, del hueco
que quedó en la muralla al huir.
Difícil el recuerdo
para los que han vivido
de alimentar jaurías,
para los enterradores en vida.

Traigo estos versos
de la travesía por el desierto.
Habitantes de los jardines,
jóvenes de La Alhambra,
leedlos.
Súmese su música a la del agua.

Soy un Logan cansado.
Conforme me aproximo a la ciudad
advierto que no hay cúpulas.
Sé que ahora sois más o menos libres,
que podéis ser eternamente jóvenes
sin miedo a la muerte.

Para aquellos que tuvimos que huir
por el tiempo y la libertad,
vuestra ciudad resulta extraña.
Ya he escrito lo que pasó entonces.
¿Podré acaso en vuestras plazas leerlo?

No hay cúpulas, no hay perros.
La guardia quizá descansa o compone.
¿Fue más fácil la huida, más humana?
El regreso es anónimo.
Entre tanta especulación
inmobiliaria
esperamos encontrar un rincón
para el verso en la ciudad, para el cuerpo
en el *jardín abierto para pocos*,
encontrar un pequeño *locus*.
Verso a medida de los cuerpos,
fabricados los tres en la huida.

Aunque tú nada entiendas de todo aquello,
una vez yo fui joven
en esta misma ciudad
que hoy abre su muralla, pero poco,
para mis versos.
En ellos te hablo de la huida
perseguidos por las buenas gentes,
el desierto ardiente habitado solo por el sexo,
los crímenes contra la libertad,
la quema pública de todo lo inédito.

Hemos vivido lejos de esos hombres,
escupiendo fuego contra sus caballeros,
pervirtiendo a todo aquel que encontraba
el hueco que dejamos en el muro.

Ahora hemos vuelto
para habitar el olvido
con el que taparon los ligeros desperfectos
inevitables en toda fuga.
Para ti,
crecido al margen incluso de aquel vacío,
joven que luces una sonrisa nacarada
de perla cultivada al abrigo,
traigo, no vengo solo, traemos,
unos libros de la travesía por la nada.
Sean fuego en tus ojos
como una vez quemaron
todo lo que atrás quedaba.

En las buhardillas de la calle Elvira
o los húmedos entresuelos del Darro,
somos estudiados por recientes jóvenes
entomológicamente
—hay días en que casi siento en mi nunca
el alfiler punzando—.
Los premios, los reconocimientos se suceden.
Entramos por las puertas de edificios
de los que no recuerdan habernos arrojado.
Es tarde para nosotros,
para ellos nunca existirá un tiempo
como aquel que escribí en dorados versos.
Una edad lejana.
Estudiábamos, alumnos sin maestros,
a los que nos precedieron en la huida
o el buen verso, que bien no recuerdo.

Esta Vega durmiente
sobre la que la ciudad se vierte
o divierte
y a veces fusila poetas.
Esta Vega, digo,
que yo vi una vez erizada de espino,
prieta contra la fuga,
con acequias de pez hirviente.

Hoy vivo en ella.
En ella escondo mi jardín
a veces ameno,
cuando a veces buscamos las heridas
el uno en el otro
para mutuas lamerlas (el otro en el uno).
Amor a las puertas de la ciudad dormida,
sin prisa ya, sin mundo que cambiar,
detenidos al borde de lo que no fuimos,
vueltos de la huida,
en la cara iluminada de esta luna
tan lorquiana.

Sobre los cadáveres
de los que también huyeron
con peor suerte o mejor gloria
he de construir ahora una verdadera casa.

Lo otro fue ser nómada,
amarnos a la carrera,
intentado no ofrecer la espalda desnuda
a la persecución.
La vida sedentaria requiere
una actitud diferente,
una defensa contra enemigos más sutiles,
capaces de atravesar a lomos de camello
el ojo de aguja de nuestra pequeña dicha.

Qué malos ladrillos son los versos.

Como en la parábola,
cayó la tinta sobre sus rostros,
sobre las aceras, sobre los templos,
no sobre el papel.
Se perdieron aquellos poemas
dirigidos a aquellos hombres,
perseguidores o cómplices.

No pude huir con una gacela
y a la vez denunciar su caza furtiva,
disimulada bajo fuegos de artificio
y salvas en honor de los poetas oficiales.

Algunos versos son buenos.
De tan largo alcance
que no importa el lugar desde el que se escriben.
Aquellos míos de entonces
quedaron cortos, breves, y su menor arte
nunca acertó a la ciudad lejana.
Siguió creciendo esta
del otro lado de la huida.
El vacío que dejamos
busco hoy con curiosidad extranjera.

Que no soy el dragón
que derrota a los ciudadanos caballeros
necesito oír hoy.
En este día ceniciento,
caperucito o barbazulino.
Que soy uno más de ellos,
con su dama a salvo de los cuentos
que inventan las viejas
para cocinar la cruda realidad.

No soy dragón. Soy caballero
y escondo las escamas
en forma de cota de malla.
Cuéntame un cuento, lady Laura
o lady Halcón, sobre ciudades futuras
que no tendrán murallas.

Quien habito en tu regazo
no necesito del fuego
ni quiero volar.

Solo existo aquí y ahora.
Contra Kant te he querido
buscando un espacio más allá
incluso del amor,
en el desierto que construye
nuestra pequeña caravana de dos.

Hay un allí y un entonces
para los que se deslizan permanentes
sobre sí mismos.

¿Cómo seremos
donde apenas alcanzo a imaginar?
Si aquí el amor es cotidiano
y los poemas son metafísicos,
será allí místico el abrazo.
No hará falta el verso.

Debajo de toda la piedra
desprendida de los sísifos,
de los templos destruidos,
de las maravillas que cedieron,
de las murallas que no soportaron el jazz.

Debajo de la mole del tedio
y la costumbre
con la que sepultaron la huida
de los que quisieron vivir
aunque fuese fuera.

Debajo encuentran
estudiosos de la piedra
un abrazo fósil,
dos cuerpos duros y frágiles
según tengan que pasar qué pruebas.

No somos nosotros los que volvemos
como no éramos aquellos
que quedaron
mintiendo nuestros cuerpos.

El desierto ha cauterizado
las cicatrices de la huida
y los ojos han aprendido a ver
algo más que la mera ciudad.

Hoy he visto
en lo que fue la casa de mis padres
a quien yo pude ser.
Le he dejado estos poemas
para que vea
quién pudo haber sido.

Lo que digo en el poema anterior
no es esquizofrenia
—que nadie encierre esta voz—.
Ellos tuvieron necesidad de explicar
lo inexplicable:
que prefiriéramos el largo exilio
lejos de las doradas cúpulas.
Crearon unos dóciles dobles
en el hueco que dejamos,
en el molde ciudadano
de lo que fue nuestra vida.

Puedes verlos ahora
malviviendo o *malversándonos*
como yo he intentado vivirnos bien
y escribirnos en buen verso.
¿Quién tiene razón?
¿Quiénes somos quién?
No me importa la identidad
durante tu abrazo.
No te vayas,
no sé quién soy sin ti.
Ni qué.

Qué extraños poemas de amor
te escribo.
Haces bien en no leerlos.

Ellos me forjaron, bien lo sabes,
doloroso y rebelde.
Escribo de amor a la contra.

Quiéreme tú a favor.

Arrancaron los árboles uno a uno,
desecaron los ríos
que bañaban nuestro pasado.
Agostaron los jardines,
prohibiendo la luz y el agua.
Aquella poesía bucólica quemaron,
arrancando el manto
hasta dejar desnudo el sentimiento.
Nada puede crecer
allí donde no sentimos nada.

Malas tierras.

LOS HIJOS QUE
SÍ TUVIMOS

Tengo paciencia, pero no freno.

Gloria Fuertes

El problema es que la musa vive conmigo.

No solo vívimos juntos
—todas las horas, las inspiradas, las de andar por casa—,
sino que también cohabitamos.
Así que hemos tenido dos niños.
(Me quedé en la primera estrofa,
el símbolo de la pasión,
llenar su alma de goces.
No amé mujeres de niebla,
ni fantasmas, imposibles, intangibles.
Ella es morena y da hijos varones
y oscuros poemas casi nunca sonetos).

Dentro de nosotros nada hay maldito.
El infierno está fuera.
Contra él escribo.

No seré nunca Rimbaud o Verlaine,
Donne o Blake, Góngora o Pessoa.
A veces, en mitad de una imagen,
hay que cambiar un pañal,
y las *sílabas contadas* son enemigas
implacables de las tostadas.

La lírica antigua, la canción medieval,
la música esférica, el claroscuro,
las revoluciones, la pérdida de Dios,
la mirada rota de la vanguardia,
tantos amores, suicidios, epitafios
que han entrado en la poesía.
Debe de estar tan llena de todo lo anterior
que no me cabe este simple trozo
de felicidad en ella.

Dime que quedan infinitas mujeres
que no conozco en ti.
Que puedo amar a la mujer entera
si te amo solo a ti.

Decidme que entre todas vosotras,
en algún rincón de la mujer completa,
sigue ella,
esperando mi imposible hartazgo.

La diferencia reside en la mirada
cuando escribo.
Son unos ojos interiores
que representan lo que escriben,
que sitúan sobre el mundo
un halo poético del que sin duda
las cosas carecen.

Salvo tú,
mujer ultravioleta
más allá de los ojos ajenos.
Incluso los míos no aprenden
muchos días a verte y es entonces
cuando el braille
tiende el único puente.

Ahora tengo una casa
al otro borde de la huida.
Hemos vuelto a lo que nunca nos dio miedo
y nuestros hijos duermen
sobre los cadáveres de aquellos perros
que un día nos persiguieron.

Confunden al visitarnos
nuclear con radiactiva.

Tras la larga travesía del desierto,
esta familia les ofrece
el té
y un contador Geiger.

Aunque acudo a trabajar
cada mañana
trazando signos de un arte efímero
sobre las pizarras,
mi verdadera tarea empieza luego,
delante de ti, de los niños.
A vosotros me adhiero
contra este mar social embravecido.
Vuestro pago son monedas
que brillan en este fondo marino
de la soledad.

La felicidad
es una postura harto difícil,
acaso ridícula.
Un malabarismo poco literario.
La dicha no quiere decirse a sí misma,
se basta sola
y le sobra la tinta y hasta la vida.
Escapa cuando intentas el *carpe diem*,
fluye más que la arena del tiempo o el beso.
Cuando se inclina sobre el papel
ni siquiera lo ve.

A este poeta feliz
se le apaga el verso.
Nadie podrá leerme
a partir de ahora.

Hasta que me caiga.

Todo esto podría ser mentira,
dulce y piadosa,
pero engaño al fin,
si no fuera por ellos,
los hijos que sí tuvimos.
Por ellos quizá hemos vuelto.
Para que vivan en sociedad
y aprendan el mal desde pequeños.
Guardo inéditos muchos versos
que alguna vez comprendan.
No necesitarán escapar de nosotros
nunca, espero.
En caso contrario,
nuestra complicidad
y este manual de la huida.

Mis hijos, los tuyos,
los nuestros,
no suelen caberme en el poema.
La fuga, la rabia,
el mundo que no quisimos
no les dejan sitio.

Que se queden fuera, extramuros,
viviendo en libertad,
si semejante sintagma es posible.

Estar a la altura
de la poesía
y de la vida
difícil que vives sin aquella.

Estar a la altura
y renunciar a la torre de marfil.
Escribir desde arriba
y vivir a su lado.

Sin pose,
sin quedar detenido,
y sin mover demasiado las letras.

Los hijos que no tuvimos
se esconden en las cloacas.
Comen las últimas flores,
parece que adivinaran
que el día que se avecina
viene con hambre atrasada

Luis Eduardo Aute

Los hijos que sí tuvimos
juegan sobre las cloacas.

Ya no quedan flores, hambre
ni adivinanzas.

DE UN MUNDO RARO

Bajo las cúpulas abstenerse
o sobre el radiactivo desierto copular.

Escanciar el buen verso sin escansión,
celebrando el hueco en la muralla
al fin dejado por dos cuerpos.

Algo más que la ciudad
hará falta para que volvamos.

No necesito moverme.
Te espero en la poesía,
aquí donde soy.

Fuera hoy somos padres.
No he dicho perseguidores.

Voy a cerrar el desierto.
No es necesaria ya la huida.

BAJO LOS ÁNGELES

Lo terrible es que cuando afirmo
que eres la más hermosa
no sea una hipérbole.

Cubre tu rostro.
No quieras convertirte
en la primera causa de mortalidad masculina.

Podría vivir con cualquier mujer
—incluida tú—
solo por su inteligencia.
Pero solo contigo puedo estar
solo por tu belleza.

Padezco de una común
hipermetropía del sentimiento
que me lleva a verte muy bien
solo cuando estás lejos.
Vivimos en cambio tan cerca
que mi ojo no logra enfocarte.
Discúlpame si no acierto con la caricia,
si te hago el amor en un extremo
o si voy al bulto.

El amor no es ciego
—no somos ingenuos—,
pero yo me siento más Magoo que mago.

Warhol,
enterado de la fuerza de tu icono,
ha vuelto para inmortalizarte.
En carteles, latas de tomate,
salas de espera,
cajetillas de tabaco, por todas partes
veo la psicodelia de tu cara tachada
con la advertencia de que contemplarte
perjudica seriamente la salud.

Solo puedo decir en mi disculpa
que no es una simple cuestión perceptiva.
De tu cuerpo salen efectivamente
unas microscópicas mónadas
que tocan ciertas partes del mío
cuando estás cerca.

No es porque te vea.
Aunque cierre los ojos,
respire por la boca,
aunque cerrar pudiera uno a uno
todos los sentidos menos el tacto,
los haces de partículas desprendidos
seguirían tocándome obscenos.

Discúlpame a mí
y al tiempo que te ha tocado
—las cosas de Kant—.
Si te hubieran conocido los grandes:
Dalí, Ensor, Schiele, Klimt.
¿Seguro que no posaste para Modigliani?

En cambio yo solo dejaré
estos poemas del paso
de tu belleza por este inmerecido mundo.
Y algún negativo o positivo,
que un descendiente fastidiado
o con falta de sitio
terminará por tirar
en un cubo de basura del futuro.

Está claro que no sirvo más
que para escribir estos poemas de amor.
Hombre de poca utilidad soy,
que solo domina un tipo de poema
en un mundo donde la poesía
para poco sirve.

Guárdame la espalda
—me dijiste aquel día—.
Y la guardé profundamente
en lo hondo de mis alas.
Mujer solo de frente desde entonces.
No puedes, nadie puede,
fintar las puñaladas.
Pero siempre las ves venir
y alojarse en tu entraña.

Cuando me dijeron:
aquella muchacha,
la de cejas Brancusi
y modigliánicas caderas,
yo era un último modelo,
recién graduado en la escuela alada
de la ciudad de los ángeles, Cielo N.C.
(no California).

Me dieron las encrucijadas de tu vida
y volé raudo hacia la más cercana.
Allí estabas, ajena a las alambradas
que un mundo oscuro tejía para ti.
Me enamoré,
como todo ángel de la guarda,
pero yo además masturbaba
con tu imagen mi sexo incógnito.
Fui degradado a hombre por ello.
Sigo enamorado de ti.

Cuando llueve me duelen las alas cortadas
y tengo los pies destrozados
—los ángeles no caminan—
de andar tu vida
o lo que recuerdo que iba a ser tu vida.

¿Me querrás si te encuentro?

Reingresaré en la humanidad
por ti.
Ningún cuerpo celeste
tiene tus redondeces
ni hay agujero negro tal.

Bajo los ángeles
se extiende tu dominio.
Para aquel que vuela
y no es ave de presa
eres el sufrimiento.

Sobre los ángeles...
es un libro de Alberti.

Has debido dejar un rastro por las calles.
Un extravío casual de algunas piezas,
un olor geométrico en el damero.

¿Qué hago con los que te han seguido?
¿Les digo que habitualmente no estás
ni siquiera para mí?

Sobre los ángeles,
el diario de un ángel caído,
prohibido por Dios,
en manos de un tal Alberti que lo publicó.

Bajo los ángeles es el diluvio,
la sed del desierto para dos,
el fuego y la ira contra los que de verdad se aman.

LA CONQUISTA
(RE-)

Hoy me siento fuerte y optimista.
Devuelvo el saludo.
Hoy me he propuesto reconquistarte
a fuerza de verso,
con mi pequeña escuadra de letras
contra la muerte.

Haré florecer la rosa,
más aún,
economistas y profesionales liberales
estarán a tus órdenes,
trabajarán para ti
los que no te dieron trabajo.
Todo si pronuncio estas palabras,
si abro esta caja de Pandora nuclear.

Y, hablando de nosotros,
romperé los mapas del sexo,
olvidaré tus nombres,
te desconoceré
para empezar de nuevo.

Es que hoy me he propuesto reconquistar
—y esto es lo único que me preocupa—
a la que conmigo vive,
la que no me ha dejado,
la que no he perdido.

Ya no eres aquella mujer visigoda
de cuyos reyes lejanamente desciende
este amor.
Eres otra cosa.
Esta Reconquista traerá sorpresas.

No entiendo tanta belleza inútil
de La Alhambra.
No entiendo tus jardines
mientras los hago cristianos.

Reyes cultos y cobardes
retroceden ante mis huestes.

Traduzco al-Ándalus a España
a golpes de mi espada.

Traigo una llave en el vientre
para esas puertas.
Si está cerrada Granada
he de forzarla.
Manda la historia,
aun la que resta por escribir.

Nunca llegaré a Granada. Lo sé.
Combato en una Extremadura
a pequeños caudillos.
Moriré y ganaré batallas
tras muerto,
pero no veré esta guerra en su fin.

La Alhambra es solo un espejismo
en mi destierro,
mientras me recito a mí mismo
polvo, sudor, te quiero.

En la tierra prometida
solo había eso:
tierra y promesas.
Nada de su carne,
la pulpa de besarla
y construir los jardines
a su imagen.

Conquistaré al final
Valencia, Madrid anacrónico,
Granada.
Que eres la más hermosa
de aquella Cristiandad,
todos sus caballeros editores
y críticos confesarán.

TOUJOURS RECOMMENCÉE

Nunca me canso
de empezar de cero en tu cuerpo.
A pesar de todo lo amado,
se borra como palimpsesto.
Por eso este manual
de amor escrito en verso.

Mis poemas no son enviados
como una tarjeta postal
a todas las casas de la ciudad.
No circulan en autobús urbano.
Ni van a pie o cogen taxis.

Los guardo para ti en un libro,
de momento cuaderno.

Soy un poeta extraño.

LET'S PLAY AGAIN

La voz a ti debida.

Entiéndase que era debida a ti,
no que se te debía.
Tú eras la razón,
no la acreedora.

En cualquier caso sería deuda de juego.
Juguemos de nuevo
o me quedaré afónico.

TIME MACHINE

Palabra en el tiempo.
La máquina de trovar del tiempo.
Escribir a contraverso,
tiempo a través, verso atrás.
Atravesarlos,
atraversarlos.

La máquina del tiempo te deja sobre Clodia.
Miles de besos,
una noche libia de arena.
Introdúcela toda en ella
antes de que llegue Catulo,
antes de que escriba un epigrama
donde tú no debes estar.

La tentación es fuerte.
Llevar hacia atrás a Bukowski, Kerouac.
Que los lea Lorca en Columbia.
Que Bécquer se lea en Cernuda,
habiten un mismo olvido.
Producir una paradoja temporal.
Acabar de una vez con la poesía.

Ayer dejaste en el XVII un pequeño opúsculo
sobre la función metalingüística.
Hoy Quevedo escribe —han pasado cuatro siglos—
acerca de un verbo cansado.

No funciona la máquina con tu propia obra.
Quizá por inédita.
Si pudieras viajar hasta aquel punto,
dejar como quien no quiere la cosa
Romeo y Julieta, El suelo bajo sus pies,
Silvio, *Adversa Verona.*
Educar literariamente a aquellos jóvenes
alimentados de posguerra
que luego serán tus padres.

Se hace duro visitar a Celan,
a Egea, a Larra,
el día antes del último día.
Ver la determinación poseyéndolos,
que nada de lo que digas,
de lo que has traído desde el futuro,
cambiará las cosas.

No leas a tus catorce
esos volúmenes de Aguilar
papel biblia.
Dostoyevski, Ibáñez.
Busca otra piel, una pandilla.
Sal del laberinto. Que arda.
No te dejes ser yo.

Necesito volver ahora
a aquel punto. Programo este poema.
La tarde en el teatro.
Tu risa. Los amigos estorbos.
Cua-cua la vie era la obra.
Reímos ajenos a las toneladas de cebolla,
un futuro encebollado que no sé
de nuevo ahora, mientras te busco
al bajar la cuesta
y no me dejan hablar contigo.
Por eso llevo hablándote casi veinte años.

Qué dura estabas por dentro.
Sí, este verso es la versión para adultos
de aquel otro que leí entonces,
que releo ahora
gracias a que escribo en el tiempo
estas palabras, a que viajo en ellas.

No puedo alterar estas palabras,
su encantamiento.
Quizás demasiada nariz
para el hada buena o demasiado pelo.
O sucede porque viaja conmigo
mi canto, canto rodado en el tiempo,
mi *rolling stone*.

Tantas veces viajo hacia atrás en la poesía.
Observo por encima del hombro
de Parra, Graves, Zaydun.
Desvío su mano, corrijo su estilo,
copio hallazgos.

Cuando vuelvo, henchido de versos,
podría escribir como ellos,
ser ellos, que nunca hayan sido.

Mañana robaré períodos enteros.
Ni siquiera Borges, el ciego vigía,
advertirá mi rastro en ningún relato.

Hoy le sugiero a Machado
mi máquina de trovar,
deslizo conceptos como palabra en el tiempo,
charlamos como compañeros de un instituto imposible.

Para un poeta inédito
que puede viajar en el tiempo de la poesía
es reconfortante dejarse escrito en el pasado,
poner tus poemas a aquellos manuscritos,
verse ahora en los libros de texto,
con otro nombre,
no importa, pero igual verso.

Decido esta mañana qué poeta,
qué arquitecto del Renacimiento
pondrá su nombre a mi estudio
sobre la representación del poema.

Cuando defienda mi tesis y, tras varios siglos,
lo haga mío de nuevo,
una sonrisa de triunfo
ante las objeciones equivocadas del tribunal.

Me querrías con la exactitud de una órbita
si pudieras saber que aquellos versos
que tanto te gustan de Shakespeare o Larrea
me los sugeriste tú,
han sido puestos en ellos por mí.

Me captura la policía poética,
los guardianes de lo temporal.
Soy torturado con horribles rapsodas.

Confesaré al fin mi secreto:
no hay brujería ni magia,
tampoco invención de artefacto moreliano.
La fe en la poesía, el intertexto,
la visión de la página en blanco
como una cuarta dimensión,
una matriz infinita.

Cuando acabe esta semana
de visitar a Góngora, Lope, Quevedo,
el verso libre será la forma favorita
de nuestro Siglo de Oro.

Entonces yo me convertiré
en un escritor académico.

ÍNDICE